Слободан Вукановић
КУЋЕ МИРИШУ НА МАГЛЕ

Рецензент
СЛОБОДАН КОСТИЋ

Техничко уређење
ДУШАН ВУЈИЋ

Ликовна опрема
АЉОША ЛАЗОВИЋ

СЛОБОДАН ВУКАНОВИЋ

КУЋЕ МИРИШУ НА МАГЛЕ

РАД

КАКО ЈЕ СРЕЋАН ПАХОМИЈЕ

ИЗВОР ГЛУВОНИЈЕМЕ АМАЛИЈЕ

Григорије Чарни от Цетиња са торбом крену низ насеља и ријеке. Живописаше цркве и манастире, записиваше пјесме и приче о постању мјеста. Бјеше лијеп као његови живописани свеци. Жене уздисаху, а мушкарци га се клоњаху јер не бјеше вјешт оружју и снази.

Добро је слушао, а још боље говорио.

Што не упамти, записа.

Прегази Морачу и дође у Колашиновиће, рекоше му, има ладне воде на извору и дебеле ладовине. Бјеше набрао морачких шљива, и крену Григорије. Склизну стрмином и паде.

Руку му пружи женско чељаде, диже главу Григорије. Шта се то с њим дешава? Је ли то вила или привиђење? Коса јој је црвена као залазак сунца, а она прозирнија од кристала, њежнија и чистија од планинског цвијета.

Нешто је мумлала, објашњавала рукама.

Григорије се освијести и проговори:

— Боже, зашто си је казнио?

То рече и онијеме.

Узе га за руку Амалија, одведе у колибу. Објеси торбу Григорије, никад је више не отвори.

Послије двадесет година, осмога јунија започе да теше дебели храст и двије преграде у њему. Дана петог заврши и леже са торбом Григорије. Амалија, попут срне дрхтала је и јецала два дана и двије ноћи. Треће јутро не освану.

Цвијећем је прекрила Григорија, а себи је оставила невен у коси, како је то он чинио годинама.

Стари мудраци се окупљају на извору, а Григорије и Амалија држе се за руке на највисочијем дрвету.

– Како је свјеже, мирише ваздух.

Рече један од њих.

То се смију Григорије и Амалија.

ПРИБИЛ ЧЕКА ВЕПРА

Ватра освијетли колибу. Полунаги укућани чекају молитву Прибилову. Гледају га као бога хране и заштите. Угаси жар, из њега дим, из дима нада за снагу, за брзину, за вјештину. Прибил у трансу расте, постаје моћан. Ломи се дрво, стијена пуца. Говор постаје јека, хук. Магија осваја ум и ваздух.

Само да вепар сјутра буде спорији, да му маг одузме силу. Моли Прибил, а нејач дрхти од студени. Снијег покрио моћне и слабе, сите и гладне.

Прибил чека вепра.

ВИДАР МИЛША

Над Жабљаком облаци туге. Језеро искашљава крв ратника. Мачеви набрекли од рана, угојили се осветом браниоца и мржњом нападача. Лелек је једини говор. Лелеком се брани тврђава, лелеком се храбри. Лелек је бич и омча за силника. Лелек је химна наше судбине.

Са торбом видар Милша сам међу стотине рањених бранилаца. Стотине гласова тражи помоћ, а само двије старачке руке. И ријеч је помоћ, и ријеч ублажава бол. Милша само говори, говори и вади брусницу против крварења, сљез и кантарион за опекотине, златицу за испирање, а коприву за зарашћивање рана. Даје боквицу, зову, камилицу, одољен...

Кад испразни торбу, рањеницима поручује коју ће траву на коју рану. Љекови су ливаде и брда, планине. И ратници постадоше видари, мачеви копачи биља.

Милша долази послије бојева, доноси наду и утјеху. Саставља сломљене и ишчашене. Он је штитоноша бола и болести. Дању, штап су му очи, а ноћу звијезде.

НЕБО ЈЕ ПОСТАЛО АЗБУКА

Велеумни Ђурђе науми да сагради здање, не од земље и камена, и не са мачем и стријелом. Здање светилиште у коме је божанство ријеч. Ријеч звоно које ће јављати, које ће говорити о земљи чарној, о земљи бајној.

На брду Ободу јеромонах Макарије от Черније Гори рукоделисао у сну и на јави, свету и свијетлу књигу-народ, књигу-вјечност. Сваки човјек постаде звијезда, човјек-дрво, сваки човјек-слово.

Јеромонах постаде становник неба, светац ријечи. Васкрснула је мисао, пут, спознаја.

Крилате рибе носе златоустог јеромонаха. Небо је постало азбука.

ПРОХОДАШЕ СТВАРИ КОВАЧА ДРАГИЛА

Клеше дрво ковач Драгило. Рукама оживи жељезо и мртво стабло. У свакој кули и колиби од Жабљака до Ријеке, његове кашике, точкови, мачеви. Више један Драгило но пет шегрта.

Плати ко има новцем, смоквом или пшеницом, ко нема великом хвалом или блаженим благословом. Свако се одужио ковачу Драгилу.

Његове ствари проходаше, прозборише. Чудо. Постаде бог ковач Драгило. Куну се у његов мач, рождество у племену најављују његовим именом.

Да се зна, за славјанско братство и христјански род, проти агарјанских рушитеља, ковач Драгило от тврђаве Жабљак, згину са својим братијами, мјесеца октомрија, једанаести дан.

ВИЂЕЛАЦ

Виђелац Бољич види летеће биљке, скакаћу воду, петоруке и троноге људе. Ко га не слуша вели, авета аветни... Слушаоци гледају и диве се; виђелац призива, виђелац види даље и дубље. По њему траве и крпе, вуна и кожа, гвожђе и земља. Торба препуна, а лака.

Путује Бољич насељима, брдима, планинама. Спава, понекад у кући, на њиви, путу, камену, на дрвету.

Виђелац је путујући свијет. Његове кочије од гороцвијета, велебиља, враниловке, ђурђевка, дигиталиса. Вуку их орао, соко, албатрос, галеб; иза њих корњача, коза, вјеверица, пас, мачка, јелен. Из рукава му рибе, лептирови и пчеле. Мијењају облик, мијењају боје.

Још живи виђелац Бољич, тај стари префригани, болећи преварант које промијени само име. Намјере и поруке су му исте.

ЖЕНЕ ЧЕКАХУ ПЈЕСМУ

Поносио се Магоје Бујсилом, Витаном, Првославом, Ивојем, Дабетом, а Хрељу грђаше. Племе га особи. На самрти, вељаше Радуша Магоју.

Сви нам синови имају снагу, а Хреља душу. Њему је помоћ потребита.

Из домова димови су скакали у небо; на њивама се чула вика за стадом стоке; испод ковачевих мишица и удараца чула се вриска жељеза, жене праху и куваху. Хреља се попе на храст, осмотри, и запјева.

Мушкарци су негодовали, а жене помно слушаху. Застајкивале су у раду и уздисале. Хреља им је улазио у душу, његове ријечи су мелем за њихов умор, за њихову страст. Сам је творио пјесме о јунаштву, о љубави.

Пролазише незнанац са болесном кћери на коњу. Кад чу пјесму, она подиже главу, погледа оца и Хрељу. На изнемоглом лица процвјета јој осмијех, и издахну. Остаде незнанац поред кћериног гроба. Сагради колибу. За годину изниче цвијеће око крста, за двије читава ливада. Хреља се настанио у његовој колиби, промукао, осиједио.

Жене чекаху пјесму.

ИВАН ГОСПОДАР

На Жабљаку камени град, у граду господар Иван. Жене наричу над мртвим ратником. Травар Јоаким лијечи рањене и кљасте. Из камилице прогледаше снови. Пророк Никодин најављује похаре и побједе, болести и суше.

Пророк Никодин оплакује своја пророчанства. Умире каменована вјештица Јевдокија. У каменом граду нарицања не престају.

Поглед Ивана господара утапа се у Скадарско језеро. Неизвјесност је омча. Спрема се олуја.

КАКО ЈЕ СРЕЋАН ПАХОМИЈЕ

У Венецији заврши Молитослов инок Пахомије и врати се у Ријеку, поред Језера.

Острво Свети Спас међу аждајама, воденим и земаљским. Видљиве и невидљиве канџе око манастира Богородице. Словима, моћнијим од крста, брани се инок Пахомије. Пише и наглас чита, одлијеже скрипториј. Сабраћа преписивачи понављају за њим. Војска Злогора надире, мачевима и крвљу оставише своје рукописе по земљи чарној. Бог слова штити своје стадо.

Моћници се закитили злаћаним бодежима, бојаним хаљинама, мирисима. Свијетле с брда на брдо, и коњи њихови. Злогорови носе у руци ватру, у души мрак. И звијери бјеже.

Пахомије преписује, печати. Ћелија мирише на млијеко, рибу, на вино, смрди на баљегу. Отањиле свијеће. Словосијачи заспали од умора. И сове завршише лов.

Инок разговара са свецима. Фреске не одговарају. Пахомије се приближава паучини смрти. Ноге отежале од година, тону у земљу руке се претвориле у књигу, а душа му на зиду фреске.

Монаси слова читају наглас. Запаљене свијеће као звијезде обасјавају манастир. Ратари и рибари запалили бакље. Говоре молитве. Вјетар донесе тишину.

Како је срећан Пахомије.

ВУЈМИЛОВИЋИ

Стеван Вуканов, Вукан Радулов, Радул Тиханов, Тихан Станулов, Станул Мрђенов, Мрђен Завишин, Завиша Вукотин, Вукота Комљенов, Комљен Вујмилов. Стабло Вујмиловића стигло до брда, до језера, до равница и љутог крша... Не могу га прекинут ни војске, ни суше, ни болест. Широко је као Зета, дубоко је као море, а глас му је као тица.

Звуци звоне са Цетињског манастира, лете као голубови или гавранови. Доносе радост и несрећу, како кад и у које вријеме. Одбрана је химна достојанства, крик опстанка.

Бајрак Вујмиловића је историја племена и смрти. Не одвајају се од оружја, од сланине и вина, од боквице. Кад не ратују, међусобно се свађају, гађају кршима, мочугама, псују. Ако не пјевају, клевећу, урличу.

Чим устане, прч Стеван до подне мора неког ударит песницом, ако то не учини, онда се не може трпјет. Тукао би се са цијелом Зетом и пола свијета.

Дај боже такве јунаке, али не комшије.

ДАЛЕКО БИЛО

Злогор украо овцу, силовао жену, запалио шталу. Страсти му узеше душу.

У сну, змија га прогањаше, бјежао је од своје судбине-вјеренице. У дну кланца, из Злогоровог тијела змијско коло заигра и осуши траву. Земља поцрни.

У Злогоровом кланцу умјесто биља расте магла, умјесто живота клетва. Проклетство рашири крила.

Далеко било, далеко било, далеко било...

ДОСЕЉЕНИК ЉУТОВИД

Љутовид, за њим жена му, дјеца, стока, пашчад. Кола шкрипе, уз лавеж најављују досељеника. Као сваки дошљак, нимало драг и за дуже вријеме непожељан, одбачен. Он је постојећи кривац, жртва. Он је грм кога се треба клонити.

На жену Љутовидову слаткосисату Јелену навади се змијогуз Цецун са мачјим очима и душом псећом. Мудромуд је мислио само на женска бедра, сјеме му било једини мозак.

Поштена, врла Јелена прегризе мудромуда, а он без једног мозга умрије уз псеће цвиљење.

Сељани слависше досељеника и ослободише се аветног Цецуна.

ПРВИ ПУТ ПРОМАШИ ТИЦУ

Весла Шишоје.
На чамац долеће гавран.
– Иш несрећо! Иш црна судбино! Иш од мене.
Замахну веслом, полеће гавран у небо, Шишоје на дну језера. Над главом му плешу водени прстенови.
Први пут промаши тицу.
Гавран и даље некуд лети. Нико да погледа, да дигне руку.

МОТОРИЗОВАНИ КРОКОДИЛИ

У ТОМ ШПРИЦУ ЈЕ АУТОБУС СА ПУТНИЦИМА

(психијатријски случај 3766/4)

Мој дух је за воланом
Туууу тууу
Трес у нар са путницима

По асфалту
Биографије путника

Волан је омча за брзину
Не вози на моју страну

Докторе
У том шприцу је
Аутобус са путницима

Које је ваше седиште
Замените се
Да не буде касно

Био је 23. март 1989.

ЈАБУКА РАСТЕ, ЈА И ЦРВИ СЕ СМАЊУЈЕМО

(психијатријски случај 2562/3)

Моја неозбиљна болест
Постаје озбиљна

Јабука је компас
Јабука је моја лобања
Свест је моје срце
Свако је ковач своје несреће

Почела је да трули
Роварио сам по њој
По пољима сумње
По пољима енергије
Светлошћу сам жвакао наду

Црви су били предводница
У катакомби ума
Некад су у трци
Стизали пре мене

Нерви изводе пируету страха
Речи застале мењају брзину
Плету мрежу прошлости садашњости
Не знам шта је шта

У дворцу илузија
Јабука расте
Ја и црви се смањујемо
Моја неозбиљна болест
Постаје озбиљна

МОТОРИЗОВАНИ КРОКОДИЛИ

(психијатријски случај 1223/1)

У атељеу пријатеља
Настанили се облаци
Моторизовани крокодили
Медузе узјахале комете
На трешњи процветали лептирови

Саобраћајци – људи птице
Одржавају симпозијум
О скретању и окретању
Око планете

Људи-кључеви отварају могућности
Немогућих тајни

Теорије се претварају
У рингишпил стварности

Електронски микроскопи
Снимају своја открића
Остављају поруке научницима
Док се не врате
Са плаже облака

Стварност се мења
Ми остајемо исти
Лепи паметни и помало зли
Верујем пријатељу
Сликама још више

ТАКО И ЈА РАДИМ КАД ЗАЈЕБЕМ НЕШТО

Комшија зидар
После рада
Пита ме
Шта је то Плурализам Централизам Марксизам
Ја му објасних

Сутрадан пита опет
Заборавио је
Поново му објасних
А он ће
Јебеш ти Плурализам Марксизам Централизам
Комшија нек они то сруше
Па нек зидају опет
Тако и ја радим
Кад зајебем нешто

У СМЕХОТЕЦИ

1.

Кад сам се појавио у арени
Аплаудирали су ми
И Смехору
И гађаше ме церекалом

Пустише разјарене Смехисте
Да ми добују
По можданој маси

Јахачи свиња
Са језиком копљаним
Распоређују ваздух
На све стране

Периком деле страсти
И карактерна расположења
Сервирају их по својој вољи

Ухвати ме за уши Смехоније
Вукао ме по арени
И бацао увис
Од усхићења

Смехисти су се дивили
Смехонију
А мене смехопљуваху

2.

У Смехотеци Смехоплова
Бројеви и позе
Сведоче постојање
Могућих и немогућих
Смехова

Смехограф је овековечио
Мој тренутак
Као доказни материјал
Мале радости

Смех се тумачи
Према потреби боја

Осећања нису узета
Као олакшавајућа околност
Непотврђене науке
Делују сумњиво
У насиљу Цвета осмех
По наруџбини
Сада се смејем
По распореду расположења

ПРЕПОЗНАЋЕ МЕ

У ПЛАВНУ СЕ ПИЈЕ ВИНО

Тражах жену у Плавну
Нађох девојчицу која би икона
Молих три дана и три ноћи

Скамених се
И постадох темељ цркве

Звоно ми укра глас
Да буди мадону и људе
Да врши опело мртвим
Звоно је моја молитва и бес

Оплодих мадону
Разби се икона
Звоно однесоше људи

У Плавну се пије вино
Пуцају муње
Киша и сунце
Ватра и вода
У Плавну се пије вино

Тражах жену у Плавну
Нађох девојчицу која би мадона на икони
Молих три дана и три ноћи

КЛАСИЧНИ ПЕСНИК СЕДИ У ПАРКУ

Огрнуо се природом
Шалом сунца
Болује за прошлим
Одушевљавају га ситнице
И клавир осећања

Пожутеле фотографије
Гласови кочије
Шумови сто кревет
Зализана коса
Црни шешир
Кораци снег трагови
Склапа се мозаик
И дневник класичног песника

НОВИНЕ СУ ХИТ СЕЗОНЕ

Новине су постале
Хит бестселер сезоне
Локални полигони
Бабароге Аждаје Праћке

Мета је образ
Морал
Нација
Мишљење
Сви учествују
Сви су у игри

Бране се
Нападају се шпијуни
Огранизују скупови
Инат је шлагер сезоне

Политичке сале су
ЗОО вртови
Нација прати
Басновизију

Историја болести је разноврсна
Има Смеха Плача
Болесних и иних
Који се питају
Шта се дешава

ПРЕПОЗНАЋЕ МЕ

У цвету открићу тајну звука
У води лик нејасноће
Савршеност је шареналажа
Пролазност тражи свој мир
У сну пепела

Једнога дана
Схватиће моју космичку веру
И моју смрт од погледа звезда
Препознаће ме небо и река
Биографи година

Куће миришу на магле
Становници су изгубљени кључеви
Праг је споменик повратка
Свемир врши опело
Светлост у служби музике

НИСУ НАС РАЗУМЕЛИ

СА ЦРВЕНИМ ПАРАДАЈЗОМ
ВРАЋАМ СЕ НА МЕСЕЦ

Коначно видео сам га
Додирнуо
Упознао његове одлике
Чак га пробао
Његов раст
Чему и зашто служи
Упознао и његову употребу
Колико га ставити
Са чим
Толико и толико кувати
Толико и толико мешати
Добићу један примерак
Узорак за магистарски рад
А онда се враћам на Месец
Са црвеним парадајзом
Старим познатим темама
Мојим импресијама и хипотезама
О њему

НИСУ НАС РАЗУМЕЛИ

На стени су нацртали Лабуда

Лифт нас је одвезао
До језера
Нисмо знали шта да радимо
Свирали смо Чајковског

Показивали су нам азбуку
Учили понашању
Доделили нам дадиљу

Мислили смо да ће нас сматрати
Освајачима
А они нама
Васпитача

НЕОЗБИЉНО ФУНКЦИОНИШЕ

На Андромеди
Анатомски испитују Земљанина

Раставили су га
А кад су га саставили
Није функционисао

Чудан неки материјал
Неозбиљно функционише

Закључује конзилијум
И репродукује новог са истим ликом
А новом функцијом

АСТРОФИЗИЧАРИ СЛУШАЈУ ВЕРДИЈА

Астрофизичари слушају Вердија
У рудницима роботи пуне вагонете
За време паузе међусобно се подмазују
Због рђе
Природне старости метала

Одабрала ме жена са Месеца
За получасовну љубав
Нарушила је амбијент ливаде
Мирис шумских јагода
Шум планинског потока
Ја наручих кратере
Подземну архитектуру станова
Комете
Кишу у Мору тишине
И остале Месечеве знаменитости

Изменисмо дарове
Ја њој вино Црмничко и глобус Земље
Она мени монографију Месеца и грумен
       сталактита

У званичним и незваничним сусретима
Обострано
Сазнадосмо најновије вести са наших планета
О прираштају становништва
Штрајку еколошких организација
Земаљским ратовима

Заједничким пројектима на другим галаксијама
Месечевим бурама
Плодној клими
И троструко бржем расту биља
Завршавамо туристички викенд на Месецу
Поздрављамо се са домаћинима
Астрофизичари слушају Вердија

ХАМЛЕТ ОСМИ ВЕРУЈЕ ДА ЈЕ НАВИГАТОР ШЕКСПИР ДЕМАТЕРИЈАЛИЗОВАО ЊЕГОВОГ ТВОРЦА ОДНОСНО ОЦА

(На Сагитаријусу у обавезном времену медитирају Веровањима)

Галилеј Шеснаести
Верује у постојање живих бића
На земљи
Верује да људи лете крилима
Да се животињски размножавају
(Појам размножавање види у енциклопедији
Сунчев систем Пети том 11322 снимак)
Верује у њихов Трећи разред

Верн Седми верује у
Месечев напредак
Вус Трећи у Андромедине експлозије
Кључалих мора
Асимов Други у успон
Четврте генерације робота
Бернар Једанаести у грудне
Ноћне и џепне пејсмејкере

Лењин Двадесети верује у
Револуцију летења
У сазвежђу Лабуда
Хамлет Осми верује
Да је навигатор Шекспир
Дематеријализовао
Његовог творца односно оца
С веровањима се може Веровати
Само Вероватно

Вероватно Теоријски
Вероватно практично
Вероватно Невероватно
Галилеј Шеснаести
Верује у постојање живих бића
На Земљи

ВЕТРОСМЕШЕ ЗА ПЛАНЕТЕ И ПЛАНЕТОИДЕ

1.

На Ветроматору
Пуштају Ветрове
Да Ветруше
Да Ветрушају
Да Ветромуцају
Да Ветропуцају

Градови стварају мреже
Лове Ветар за Ветроцентрале
За лаку индустрију
За теже случајеве

2.

Ветруге
Ветругају
На Ветријади

Нови рекорди
Ветроида
Од усхићења
Дрвеће се развлачи

Ветродери се савијају
На балкону плешу саксије

Тридесети спрат се рукује
Са петнаестим

3.

Фабрике раде пуним Ветром
Ветросмеше
Конзервиране
Обилазе планете и планетоиде
Да њихове производе
И други виде

Извоз се отпрема Ветровозом
Неколико светлосних година
Хиљадама Ветробрзина

4.

Присуствују свечаностима
И празнују сломове
Ломове
Разне громове
Што праве громаде и несреће саде

Разносе магле
Паре и руде
Од њих се ватре буде
Мењају правац и стање
И „Траже помиловање"

ЗАШТО НЕ ПРОГОВОРИ АВРАМИЈЕ

НИКАД СЕ ВИШЕ НИЈЕ ВРАТИО АРАНИТ

Дошао Аранит.
Опет.
Нови људи, грађевине.
Познаје само мртве. Ови се чуде његовом језику, говору, причи о стварима, догађајима. Што год почне они окрену главу. Прећуткују.

У сваком од њих види њиховог претка, поносног, храброг са стријелом забоденом у јелена. Чује пјесму са повратка из лова. Топло је у медвеђој кожи. Ови се боре с мувама и комарцима.

А какви ће бити ваши преци, кад сте такви. То рече и умрије Аранит. Нико не окрену главу.

Другог дана неко помену: макните ово одавде, смета пролазницима. И, макнуше Оно.

Никад се више није вратио Аранит.

ЗАШТО НЕ ПРОГОВОРИ АВРАМИЈЕ

Објесио се о храст Аврамије.
Смије нам се сваке вечери. Чујемо његов кикот, нама у инат. Плашимо се освете. Сви се осјећамо кривцем, а не знамо правог. Сумњамо у себе. Гаврану пререзасмо грло. Зајахасмо петла.
Пркоси нам Аврамије. Нек дође, нека каже ко је крив. Мучи нас, а ми чекамо. Чини не помажу. Стрепимо од сваког шума.
Кажу, Аврамије се претворио у камен, дрво, пса, рибу... Све и свашта посматра. Његова ћутња нас убија. Клати се објешен, грана шкрипи.
Зашто не проговори Аврамије?

КРЕНУО САМ ТАМО, РЕЧЕ ПЕТИ

Вратих се послије триста година.
Би мрак.
Други, трећи, пети дан без свјетлости.

На трећем брду сретох првог човјека, на шестом другог, на деветом трећег, на петнаестом четвртог. Са фосфорном лобањом у рукама свако је од њих освјетљавао пут.

Ово је моја светиљка, рече први.

Кренуо сам тамо, рече пети.

Нешто сам изгубио, не могу да се сјетим, рече двадесет трећи.

Сви путују, никако да се сретну.

Нијесам хтио да улазим у њихова тијела. Одох, вратићу се за триста година. Вјерујем да ће пети стићи Тамо, а двадест трећи наћи изгубљено.

А Ја?

Ја ћу оставити бестјелесне трагове у снијегу времена.

НАШЕ ЈА ЊЕГОВО ЈЕ

Умрије пророк Теован.
Није умро но се претворио у тицу да нам прориче судбину, да нам прориче вријеме, да са њим плашимо дјецу.
Слуша нас ноћу док шапућемо.
Пријети нам да вјерујемо у њега. Вампирима заповиједа кад ће и у које вријеме започети свој скуп.
Спава му душа у гуштеру, бјежимо и од лептира.
Хиљаду година путује Теован. Мијења тијела, ствара нове душе, истине, лажи. Чујемо његов глас, ми нијеми, безгласни. Наше Ја његово је.
Самостварање Теована траје.

ТРЧАО ЈЕ РАИН ЗА ОРЛОМ

Вјеровао је да је његова душа у птици.
Трчао је Раин за орлом називајући га оцем.
Попео се на дрво и полетио.
Кажу, сада му је душа у орлу.

НЕ САЗНА ИСТИНУ РАТНИК ЛАУШ

Вратио се Лауш из боја. Донесе огртач погубљеног и посуду опојног пића. Покри своје жеље. Мрак се не раздани. Тражаше свјетлост, не бјеше је испод огртача, не бјеше је у опојној посуди пића. Гдје је?

Не види се у кући, не види се пред кућом, не види се у души. Ослијепи и њива Лаушова, и пас чувар.

Питаше, јесам ли згријешио према њој. Ватром освијетли кућу, њиву, душу. Све изгоре. Не сазна истину ратник Лауш. Огртачом покри звијезду. Посуда постаде извор грешника.

Пас лаје. Господар је прошлост.

САДРЖАЈ

КАКО ЈЕ СРЕЋАН ПАХОМИЈЕ

Извор глувонијеме Амалије 7
Прибил чека вепра 9
Видар Милша 10
Небо је постало азбука 11
Проходаше ствари ковача Драгила 12
Виђелац 13
Жене чекаху пјесму 14
Иван господар 15
Како је срећан Пахомије 16
Вујмиловићи 17
Далеко било 18
Досељеник Љутовид 19
Први пут промаши тицу 20

МОТОРИЗОВАНИ КРОКОДИЛ

У том шприцу је аутобус са путницима 23
Јабука расте, ја и црви се смањујемо 24
Моторизовани крокодили 25
Тако и ја радим кад зајебем нешто 26
У смехотеци 27

ПРЕПОЗНАЋЕ МЕ

У Плавну се пије вино 31
Класични пјесник седи у парку 32
Новине су хит сезоне 33
Препознаће ме 34

НИСУ НАС РАЗУМЕЛИ

Са црвеним парадајзом враћам се на Месец 37
Нису нас разумели 38
Неозбиљно функционише 39
Астрофизичари слушају Вердија 40
Хамлет Осми верује да је навигатор Шекспир... 42
Ветросмеше за планете и планетоиде 44

ЗАШТО НЕ ПРОГОВОРИ АВРАМИЈЕ

Никад се више није вратио Аранит 49
Зашто не проговори Аврамије 50
Кренуо сам тамо,1 рече пети 51
Наше ја његово је 52
Трчао је Раин за орлом 53
Не сазна истину ратник Лауш 54

Слободан Вукановић
КУЋЕ МИРИШУ НА МАГЛЕ

*

Издавачко предузеће
РАД
Београд, Моше Пијаде 12

*

Главни уредник
ЈОВИЦА АЋИН

*

За издавача
ЗОРАН ВУЧИЋ

*

Коректор
НАДА ГАЈИЋ

*

Припрема текста
Графички студио РАД

*

Штампа
СГР *ЖИГ*, Београд

CIP – Каталогизација у публикацији
Народна библиотека Србије, Београд

886.1/.2-1

ВУКАНОВИЋ, Слободан
 Куће миришу на магле / Слободан Вукановић. –
Београд : Рад, 1994 (Београд : Жиг). – 57 стр. ; 20 cm

886. 1/ 2-36

ИД=30653452

ISBN 86-09-00351-5

СПОНЗОР ОВЕ КЊИГЕ ЈЕ

ЈПптцг

www.ingramcontent.com/pod-product-compliance
Lightning Source LLC
LaVergne TN
LVHW021624080426
835510LV00019B/2750